Cyflwyniad: Pwy yw Iesu?

Iesu yw enw'r un y mae Cristnogion yn ei ddilyn. Yn aml fe'i gelwir yn Iesu Grist.

Roedd yn byw amser maith yn ôl, ond mae pobl yn sôn llawer amdano o hyd.

Adroddir ei hanes mewn llyfrau a elwir yn Efengylau: Efengyl Mathew, Efengyl Marc, Efengyl Luc ac Efengyl Ioan. Mae'r llyfrau hyn yn awr yn rhan o'r Beibl Cristnogol. Cawsant eu hysgrifennu ychydig ar ôl amser Iesu ac maent yn cynnwys straeon a ddywedwyd gan ffrindiau arbennig Iesu.

Bydd y llyfr hwn yn sôn am rai o'r pethau pwysicaf y mae Cristnogion yn eu credu am Iesu.

1 Pryd oedd Iesu'n byw?

Roedd Iesu'n byw tua 2,000 o flynyddoedd yn ôl.

Pan gafodd ei eni, ychydig iawn o bobl a gymerodd unrhyw sylw ohono. Eto, mae'r pethau a ddywedodd Iesu a'r pethau a wnaeth wedi ei wneud yn enwog iawn.

Ar ôl i Iesu farw, aeth y sôn amdano'n bell iawn. Daeth mwy a mwy o bobl i ddilyn ei ffordd ef. Llawer o flynyddoedd yn ddiweddarach, penderfynodd Cristnogion rifo'r blynyddoedd trwy ddechrau gyda'r flwyddyn roeddent yn credu i Iesu gael ei eni.

Defnyddir yr un ffordd o rifo'r blynyddoedd o hyd mewn llawer o lefydd.

Am 2,000 o flynyddoedd mae pobl wedi bod yn dilyn ffordd Iesu – fel Cristnogion.

2 Pwy oedd rhieni Iesu?

Enw mam Iesu oedd Mair.

Mae llyfr Luc, wrth adrodd hanes Iesu, yn dweud mai merch ifanc oedd hi yn byw yn nhref Nasareth yng Ngalilea. Roedd hi'n paratoi i briodi dyn o'r enw Joseff.

Un dydd, daeth angel ati. Dywedodd yr angel fod Duw wedi ei dewis hi i gael plentyn; ef fyddai Mab Duw.

Roedd Mair mewn penbleth, ond dywedodd yr angel fod Duw yn medru gwneud i unrhyw beth ddigwydd.

Wedyn, siaradodd angel â Joseff wrth iddo orwedd yn breuddwydio. Dywedodd wrtho am briodi Mair a gofalu amdani hi a'r plentyn. Cytunodd Joseff.

Gwlad Iesu

Môr Galilea

Nasareth

A Iorddonen

Jerwsalem

Bethlehem

Y Môr Marw

Mae Cristnogion yn credu bod Iesu, mab Mair, hefyd yn Fab Duw.

3 Pryd oedd pen-blwydd Iesu?

Ni wnaeth unrhyw un nodi'r dyddiad pryd y ganwyd Iesu, ond mae yna hanesion yn dweud beth ddigwyddodd.

Dywed stori Luc fod Mair a Joseff wedi mynd ar daith i dref Bethlehem. Roedd hi'n llawn yn y dref ac roedd rhaid i Mair a Joseff gysgodi mewn stabl. Yno, cafodd Iesu ei eni.

Allan ar y bryniau roedd yna fugeiliaid. Daeth angylion atynt a dweud wrthynt am y baban. Aeth y bugeiliaid i'w weld.

Dywed stori Mathew fod gwŷr doeth wedi dod o bell i Fethlehem. Roeddynt yn dilyn seren a fyddai'n eu harwain at frenin. Aeth y seren â nhw at Iesu. Rhoesant anrhegion gwerthfawr iddo: aur, thus a myrr.

Mae Cristnogion yn cofio geni Iesu adeg y Nadolig.

4 A fu Iesu'n gwneud pethau arbennig ers pan oedd yn faban?

Mae'r hanesion am eni Iesu yn dweud ei fod yn rhywun arbennig ers y cychwyn cyntaf, ond bywyd digon cyffredin a gafodd Iesu pan oedd yn fachgen.

Aeth y bechgyn yn amser Iesu i'r ysgol i ddysgu am eu Duw.

Buont hefyd yn dysgu crefft gan eu tad.

Ar ôl i Iesu dyfu'n ddyn, daeth yn bregethwr ac yn athro. Roedd y bobl yn ei dref wedi eu synnu: a oedd hi'n iawn i ddyn ifanc cyffredin wneud hyn? Dyma ddechrau'r rhyfeddu!

Mae Cristnogion yn credu bod Iesu yn fod dynol fel pawb, er ei fod hefyd yn Fab Duw.

5 Pam fod Iesu'n athro mor enwog?

Dywedodd Iesu fod ganddo newyddion da i ddweud wrth bobl. Soniodd am rywbeth o'r enw teyrnas Dduw.

Dywedodd Iesu wrth y bobl am fyw fel eu bod yn rhan o'r deyrnas: 'Carwch eich gelynion.'

'Maddeuwch y sawl sydd yn gwneud drwg yn eich erbyn.'

'Gwnewch i eraill yr
hyn yr hoffech chi
iddyn nhw wneud i chi.'

**Mae Cristnogion yn credu bod Iesu wedi helpu pobl
i ddod o hyd i'r ffordd dda a chywir o fyw.**

6 A oedd Iesu'n gwneud pethau hud?

Wrth i Iesu fynd o amgylch yn pregethu ac yn dysgu, fe wnaeth wyrthiau hefyd: fe dawelodd storm drwy siarad; trodd ddŵr yn win, ac fe wnaeth bobl yn well.

Roedd rhai pobl wrth eu bodd, ond roedd eraill yn poeni. Ai nerth da oedd gan Iesu, ynteu nerth drwg?

Un dydd, gwellodd Iesu ddyn dall nad oedd erioed wedi gallu gweld.

Gofynnodd pobl i'r dyn beth roedd e'n meddwl oedd wedi digwydd.

Ei ateb oedd: 'Rhoddodd Iesu fy ngolwg i mi … oni bai fod y dyn hwn o Dduw, ni allai wneud dim.'

Mae Cristnogion yn credu bod gan Iesu nerth Duw i wella pobl.

7 A oedd pobl yn hoffi Iesu?

Roedd llawer o bobl yn hoffi Iesu. Daeth rhai ohonynt yn ddilynwyr iddo.

Dewisodd ef ddeuddeg ffrind arbennig i fod yn ddisgyblion iddo.

Roedd cannoedd o bobl eraill yn mwynhau gwrando arno ac yn ei ddilyn i bob man. Rhoddodd Iesu groeso i bawb – hyd yn oed y math o bobl roedd eraill yn edrych i lawr arnynt.

Adroddodd stori er mwyn helpu pobl i ddeall pam:

'Un tro roedd bugail a chanddo gant o ddefaid. Un dydd, cyfrodd ei braidd a chael mai dim ond naw deg naw oedd yno.

'Gadawodd y naw deg naw yn y cae ac aeth i chwilio am yr un oedd ar goll. Fe'i cariodd adref yn ddiogel. Yna gofynnodd i'w ffrindiau ddod i ddathlu.'

Eglurodd Iesu fod Duw yn gofalu am bob un person ac nad yw am i unrhyw un deimlo ei fod ar goll neu'n unig.

Mae Cristnogion yn credu bod Iesu wedi helpu pobl i ddeall mwy am gariad Duw a'i faddeuant.

8 A oedd yna bobl nad oedden nhw'n hoffi Iesu?

Nid oedd rhai pobl a oedd yn adnabod Iesu
yn ei hoffi o gwbl.

Doedd llawer o'r athrawon
crefyddol a'r offeiriaid ddim yn
ei hoffi.

Doedden nhw ddim yn credu
bod Iesu'n dysgu'r peth
iawn i bobl.

Doedden nhw ddim yn
meddwl ei fod ef yn dda am
gadw at y rheolau a'r arferion.

Roedd problem arall hefyd.
Roedd pobl Iesu'n credu bod
Duw wedi addo anfon brenin
arbennig – y Crist. Roedd rhai
ohonynt yn dechrau meddwl mai Iesu
oedd y Crist.

Pe byddai Iesu'n dechrau ymddwyn fel brenin, byddai hynny'n gwneud drwg i'r llywodraeth. Yna byddai pob math o ymladd a helynt.

Penderfynodd yr athrawon a'r offeiriaid y byddai'n rhaid cael gwared arno.

Mae Cristnogion yn credu mai Iesu oedd y Crist: nid brenin a fyddai'n achosi ymladd, ond brenin cariad a heddwch.

9 Beth ddigwyddodd i Iesu yn y diwedd?

Ceisiodd y bobl nad oeddent yn hoffi Iesu feddwl am ffordd o gael gwared arno.

Yn y diwedd, dywedodd un o ddisgyblion Iesu, Jwdas Iscariot, wrth yr offeiriaid ble y gallent ddod o hyd i Iesu ar ei ben ei hun.

Cawsant hyd iddo a'i restio. Yna, aethant at bennaeth y llywodraeth, Pontius Pilat, a gofyn am gael rhoi Iesu i farwolaeth.

Cafodd Iesu ei hoelio ar groesbren a chael ei adael yno'n hongian i farw.

Ni wnaeth Iesu ymladd yn ôl. O'r groes, fe weddïodd:

'Dad, maddau iddynt. Nid ydynt yn gwybod beth maen nhw'n ei wneud.'

Mae Cristnogion yn credu bod Iesu wedi marw ar y groes ac wedi maddau'r pethau gwaethaf posibl y gall pobl eu gwneud.

10 Ble cafodd Iesu ei gladdu?

Roedd un o ddilynwyr Iesu o'r enw Joseff yn ddyn cyfoethog. Gofynnodd i Pilat a gâi fynd â chorff Iesu i'w gladdu.

Gosododd ef mewn bedd tebyg i ogof a chau ceg yr ogof â charreg fawr.

Y Saboth oedd hi drannoeth ac roedd pawb yn gorffwys. Y diwrnod ar ôl hynny, aeth rhai merched at y bedd. Cawsant eu dychryn pan welsant fod y garreg wedi ei symud a'r corff wedi mynd.

Yna, gwelodd un ohonynt Iesu. Gwelodd y disgyblion Iesu hefyd. Yna, dywedodd ffrindiau eraill eu bod hwythau wedi gweld Iesu. Yn fuan, roedd holl ddilynwyr Iesu yn siŵr ei fod yn fyw eto.

 Mae Cristnogion yn credu bod Iesu wedi atgyfodi o farwolaeth, a bod cariad Duw yn gryfach na marwolaeth.

11 Ble mae Iesu nawr?

Gwelodd ffrindiau Iesu ef nifer o weithiau dros gyfnod o bedwar deg diwrnod.

Dywedodd Iesu wrthynt am rannu'r newyddion da am deyrnas Dduw â'r holl fyd.

Gwelodd ffrindiau Iesu ef yn mynd i fyny i'r nef ac yn diflannu o'u golwg.

Yna, cofiodd ei ffrindiau ei fod wedi dweud wrthynt o'r blaen y byddai'n mynd i'r nefoedd i baratoi lle iddynt.

Gyda help Duw dechreuodd ei ddilynwyr rannu'r newyddion.

Mae'r newyddion wedi mynd o amgylch y byd.

Mae Cristnogion yn adrodd hanes Iesu o hyd. Bob dydd, mae pobl yn clywed y neges am gariad a maddeuant a chroeso yn y nefoedd.

12 A yw dilynwyr Iesu'n teimlo'n unig hebddo?

Ychydig cyn i Iesu farw, cafodd ef un pryd olaf gyda'i ffrindiau.

Wrth iddo rannu'r bara a'r gwin gyda nhw, dywedodd wrthynt am rannu bara a gwin gyda'i gilydd i gofio amdano.

Dywedodd wrthynt am garu a helpu ei gilydd, a byddai hynny wedyn fel pe baent yn ei garu ac yn ei helpu ef.

Mae Cristnogion yn credu bod Iesu gyda nhw wrth iddynt rannu bara a gwin gyda'i gilydd, ac wrth iddynt garu a helpu pobl eraill.

Pwy yw Iesu?

1   Am 2,000 o flynyddoedd mae pobl wedi bod yn dilyn ffordd Iesu – fel Cristnogion.

2   Mae Cristnogion yn credu bod Iesu, mab Mair, hefyd yn Fab Duw.

3   Mae Cristnogion yn cofio geni Iesu adeg y Nadolig.

4   Mae Cristnogion yn credu bod Iesu yn fod dynol fel pawb, er ei fod hefyd yn Fab Duw.

5   Mae Cristnogion yn credu bod Iesu wedi helpu pobl i ddod o hyd i'r ffordd dda a chywir o fyw.

6   Mae Cristnogion yn credu bod gan Iesu nerth Duw i wella pobl.

7   Mae Cristnogion yn credu bod Iesu wedi helpu pobl i ddeall mwy am gariad Duw a'i faddeuant.

8   Mae Cristnogion yn credu mai Iesu oedd y Crist: nid brenin a fyddai'n achosi ymladd, ond brenin cariad a heddwch.

9   Mae Cristnogion yn credu bod Iesu wedi marw ar y groes ac wedi maddau'r pethau gwaethaf posibl y gall pobl eu gwneud.

10 Mae Cristnogion yn credu bod Iesu wedi atgyfodi o farwolaeth, a bod cariad Duw yn gryfach na marwolaeth.

11 Mae Cristnogion adrodd hanes Iesu o hyd. Bob dydd, mae pobl yn clywed y neges am gariad a maddeuant a chroeso yn y nefoedd.

12 Mae Cristnogion yn credu bod Iesu gyda nhw wrth iddynt rannu bara a gwin gyda'i gilydd, ac wrth iddynt garu a helpu pobl eraill.